AF601176

25 NOV. 1912 PN

VENTE
Du Lundi 25 Novembre 1912
HOTEL DROUOT, SALLE N° 11
A DEUX HEURES

TABLEAUX

Dessins, Gravures

BOISERIE ANCIENNE

COMMISSAIRE-PRISEUR
Me André COUTURIER
Successeur de M. Léon TUAL

EXPERTS
M. Loys DELTEIL
M. Georges GUILLAUME

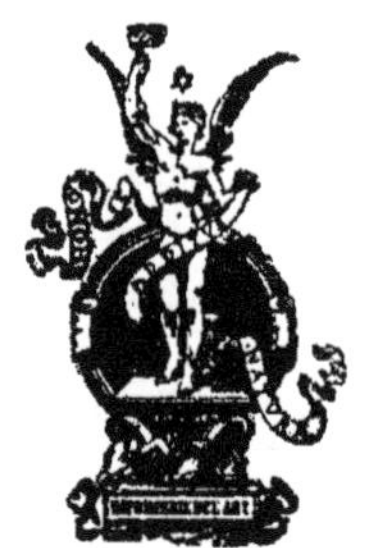

CATALOGUE

DES

Gravures et Dessins

Appartenant à Mme X...

ET DES

TABLEAUX, AQUARELLES, DESSINS

Par, ou attribués à :

DELAPORTE, DROUAIS, FRAGONARD, GUARDI, LERICHE, PILLEMENT, RANSON
HUBERT ROBERT, SAUVAGE, WATTEAU

BOISERIE DE PETIT SALON

(FIN DE L'ÉPOQUE LOUIS XVI)

Décorée de peintures, avec cheminée en marbre et trumeaux de glace

Appartenant à Monsieur L...

DONT LA VENTE AUX ENCHÈRES PUBLIQUES AURA LIEU

HOTEL DROUOT, SALLE No 11

LE LUNDI 25 NOVEMBRE 1912

à deux heures

COMMISSAIRE-PRISEUR

Me André COUTURIER

Successeur de M. Léon TUAL

56, rue de la Victoire

ASSISTÉ DE

Pour les Gravures :	*Pour les Tableaux et la Boiserie :*
M. Loys DELTEIL	**M. G. GUILLAUME**
GRAVEUR-EXPERT	EXPERT
2, rue des Beaux-Arts	13, rue d'Aumale

EXPOSITION PUBLIQUE

Le Dimanche 24 Novembre 1912, de 2 h. à 6 heures

CONDITIONS DE LA VENTE

Elle sera faite au comptant.

Les adjudicataires paieront *dix pour cent* en sus des enchères.

L'exposition mettant le public à même de se rendre compte de l'état et de la nature des objets, aucune réclamation ne sera admise une fois l'adjudication prononcée.

Paris. — Imp. de l'Art, CH. BERGER, 41, rue de la Victoire.

DÉSIGNATION

I°

ESTAMPES, DESSINS, RECUEILS

CUIVRES GRAVÉS

APPARTENANT A MADAME X. .

BOUDIN (Eugène)

1 — Sur la plage. Dessin aquarellé, *signé* et daté : 64.

CHINTREUIL

2 — *La Vie et l'œuvre de Chintreuil*, par A. de la Fizelière, Champfleury, F. Henriet, Paris, 1874. Exempl. *sur chine*.

CHIFFLART (F.)

3 — *Improvisations sur cuivre*, 1865, frontispice et 14 pl., en 1 alb. cart.

DAUBIGNY (C.-F.)

4 — Paysage. Dessin à la mine de plomb. *Signé*.

DESBOUTIN-ROPS

5 — Leroy, imprimeur. — Frontispice, pour A. de Musset. — Le Pendu, etc. 4 pièces.

FLAMENG (Léopold)

6 — La Pièce aux Cent Florins, d'après Rembrandt.

FROLICH (Lorenz)

6 *bis* — L'Amour et Psyché, 20 pl. en 1 alb. in-4 cart.

GAILLARD (C.-F.)

7 — Pie IX, pape. Epreuve sur chine.

ILLUSTRATION NOUVELLE (L')

8 — **L'Illustration nouvelle**, années 1875 à 1880 inclus, soit 6 alb. in-fol., contenant des œuvres de Legros, Daubigny, Rops, Buhot, Lhermitte, Detaille, Martial-Potémont, etc.

JONGKIND (J.-B.)

9 — Barrière Monceau, Paris. Dessin aquarellé. *Signé.*

LALANNE (Maxime)

10 — Deux grandes vues de Paris. Epreuves *signées.*

PARRISH-PLATT-EDWARDS

11 — Paysages. Dix pièces, plusieurs *signées,* avec dédicaces.

MERYON (Charles)

12 — La Galerie Notre-Dame. — Tourelle de la rue de la Tixeranderie. — Saint-Etienne-du-Mont. Trois pièces (petites taches).

ROCHEBRUNE (Octave de)

13 — La Sainte Chapelle, Paris, février 1875.

14 — Pierrefonds. — Ecouen. — Chambord. — Strasbourg, etc. Onze pièces.

VARIN (P.-Adolphe)

15 — **Paris** : Tour de l'église Saint-Gervais. — L'Arche du Pont au Double, etc. Trois dessins à la mine de plomb, *signés* et datés : 1838, 1839 et 1851.

VERNET (D'après Carle)

16 — La Course, par J. P. M. Jazet (mouillures).

ŒUVRE DE MARTIAL-POTÉMONT

17 — **L'Ancien Paris,** 1864 et suiv. Série complète des 300 pièces. Trois exemplaires. *Ce numéro pourra être divisé.*

18 — **L'Ancien Paris**. Série complète des 300 cuivres, en très bon état de conservation. **N. B.** : La série de l'*Ancien Paris* n'a été tirée jusqu'à ce jour qu'à 80 exemplaires.

19 — **Les Boulevards de Paris**, par X. Aubryet et Martial, 1878, série de 20 planches. Réunion de 2,056 épreuves, deux exemplaires du livre et quelques livraisons.

20 — **Paris intime**, 180 épreuves, — petits titres pour Paris intime, 68 épr. — plus 3 exempl. sur chine volant ou collé, soit ensemble 428 pièces.

21 — La Butte Saint Roch ou des Moulins, 113 épr.

22 — Rue du Gindre. — Rue Sainte-Marthe. — Rue Lacépède. — Rue de Lourcine. — Rue Saint-Éloi. — Les Cuisines de l'Hôtel-Dieu. Six cuivres.

23 — Rue de la Tonnellerie, 4 épreuves et épreuve du cuivre biffé. — La Maison Chevallier, cuivre.

24 — Paris incendié. — Paris sous la Commune. — Les Femmes de Paris pendant le Siège.

25 — **Les Jolies Femmes de Paris**, par Ch. Diguet, 20 eaux-fortes par Martial, 3 exemplaires, (un sur grand papier) et une série des planches seules.

26 — **Les Boulevards du Temple** en 1862. Peinture, toile. *Signée.*

Haut., 850 millim.; larg., 2 mètres.

27 — **Les Contes de La Fontaine.** Cinquante DESSINS à la mine de plomb (sauf le frontispice, le titre et la table exécutés à la sépia).

28 — **Les Contes de La Fontaine.** Réunion de 1,081 épreuves en divers états et sur des papiers différents.

29 — **Les Contes de La Fontaine.** Vingt-sept CUIVRES.

30 — **Théâtre de Molière.** Onze DESSINS à la mine de plomb.

31 — Portrait de Florian et Vignettes pour ses œuvres, 36 épreuves sur japon.

32 — **La Merveilleuse,** d'après Goupil, CUIVRE et sept épreuves de tirages différents.

33 — Les Cancalaises, d'après Feyen-Perrin, petite et grande planches. Trente épreuves.

34 — Grands paysages : Les-Chênes. — Sous-Bois. — Pastorales. — Bucheronnes. — Ruisseau sous Bois, 77 épreuves sur japon ou hollande, en majorité, signées.

35 — Sous ce numéro, il sera vendu par lots divers albums et recueils : *Annuaire des Beaux-Arts. — Lettres sur la Gravure. — Notes et dessins d'un Japonais à Paris. — Exposition universelle de 1878. — Paris en 1867.*

36 — Retour du Marché. — Étude de l'Ecorché. — Paysages, etc. Dix CUIVRES.

37 — Sous ce numéro, il sera vendu par lots, environ 500 pièces, la plupart par Martial-Potémont.

38 — Lot de vingt-cinq DESSINS, par Martial-Potémont, J. Desbrosses, Bonnafé, Varin.

39-40 — Un lot de 300 feuilles de papier blanc.

IIe

TABLEAUX

AQUARELLES, DESSINS

BOISERIE

APPARTENANT A M. L.

DELAPORTE (R.)

41 — *Natures mortes et attributs de salle à manger.*

Quatre toiles. (Dessus de porte)

Haut., 77 cent.; larg., 1 m. 51 cent.

DROUAIS (Attribué à)

42 — *Portraits d'Enfants travestis en Savoyards.*

Deux toiles.

Haut., 27 cent.; larg. 21 cent.

FRAGONARD (Attribué à)

43 — *Portrait de Fillette.*

Toile.

Haut., 19 cent.; larg., 15 cent.

GUARDI

44 — *La Place Saint-Marc à Venise.*

Dessin à la sépia.

LERICHE (Attribué à)

45 — *Brûle-parfums et guirlandes de fleurs.*

Deux toiles décoratives.

LERICHE

46 — *Gerbes de fleurs attachées par des rubans bleus.*

Deux panneaux de boiserie.

PILLEMENT (J.)

47 — *Paysage.*

Une tour en ruine domine une vallée; au premier plan, un berger garde son troupeau.

Toile.

Haut. 44 cent.; larg. 31 cent.

RANSON

48 — *Trophée du Jardinage.*

— *Trophée de la Peinture.*

Deux aquarelles rehaussées de gouache.

ROBERT (Hubert)

49 — *Intérieur de Temple en ruine.*

Dessin à la plume rehaussé de sépia.

ROBERT (Hubert)

50 — *Ruines antiques.*

Deux dessins à la sanguine.

Signés et portant le monogramme S. L. (époque à laquelle l'auteur était incarcéré à la prison de Saint-Lazare.)

SAUVAGE

51 — *Jeux d'enfants.*

Grisaille sur toile.

Haut., 80 cent.; larg. 1 m. 15 cent.

WATTEAU (Attribué à)

52 — *L'Amante inquiète.*

— *Musicien dans un parc.*

Deux toiles.

Haut., 40 cent.; larg., 32 cent.

53 — **Boiserie de petit salon.** (Fin de l'époque Louis XVI.) Elle comprend : cinq portes à deux vantaux avec leurs dessus de porte, six panneaux de largeurs différentes, deux trumeaux de glace bordés de moulures sculptées et dorées et une cheminée en marbre sculpté, ornée de rosaces. Toute la boiserie est décorée de figures et d'arabesques dans la manière de Prieur.

Dimension de la pièce : 4 m. 50 cent. X 5 mètres,

Hauteur sous corniche : 3 m. 42 cent.

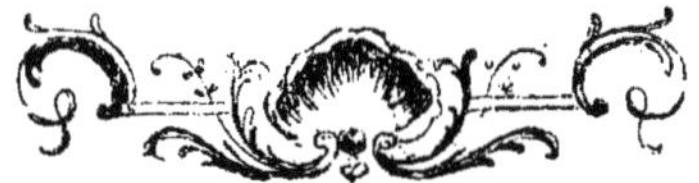

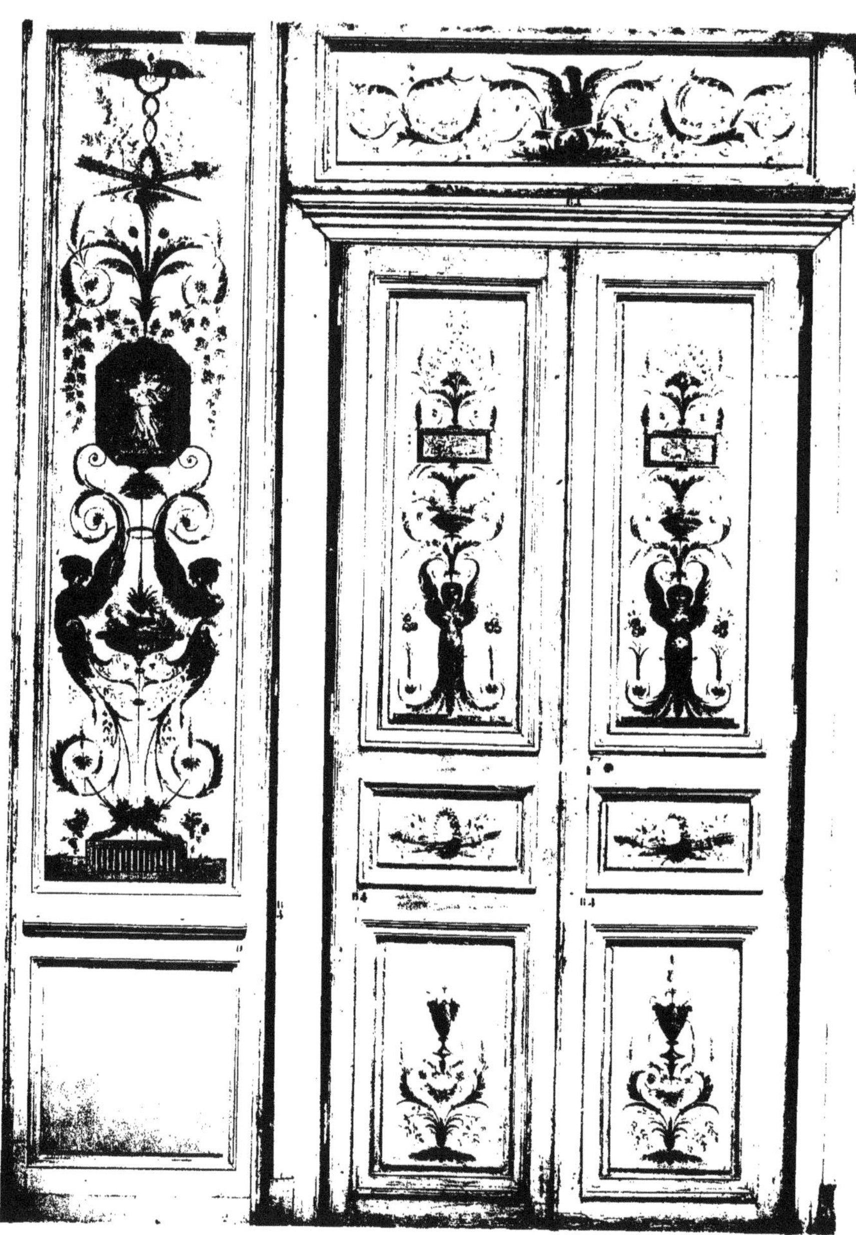

53

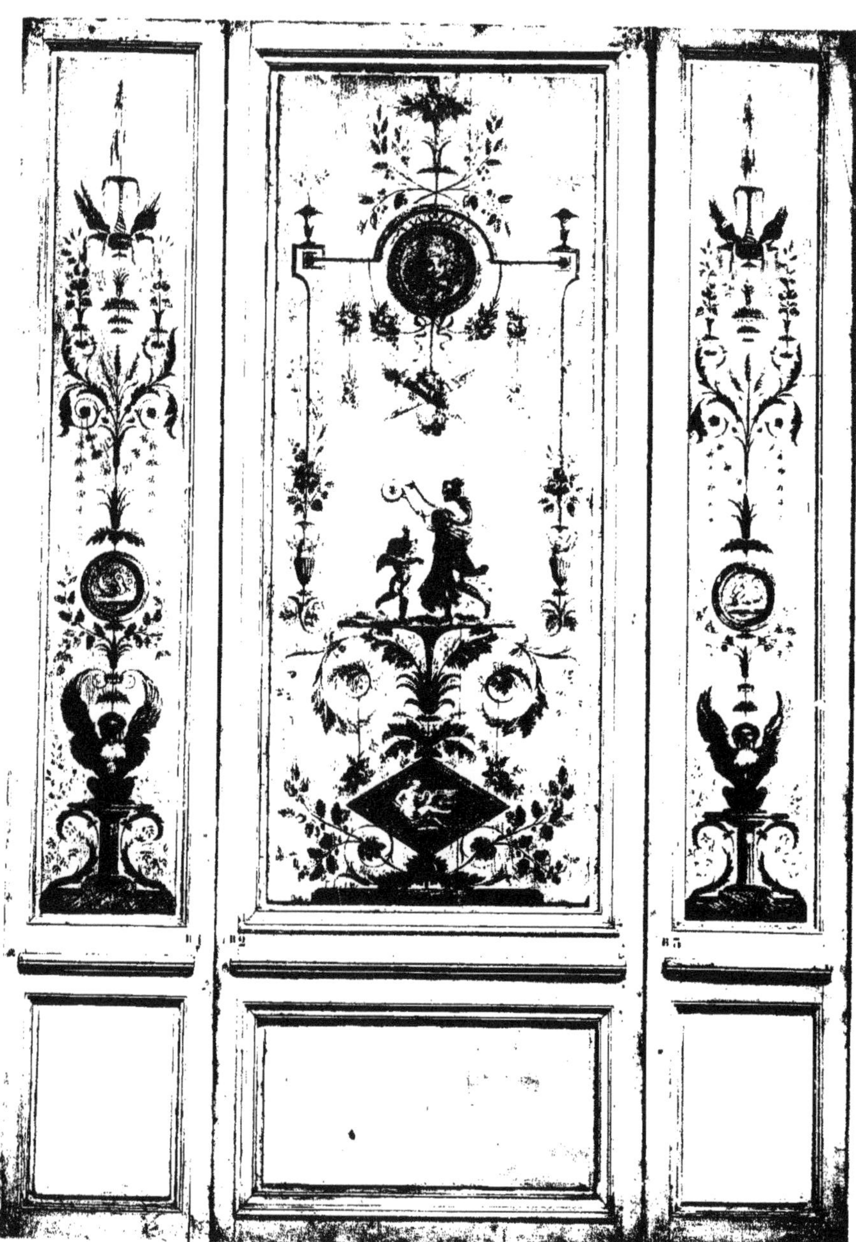

53

www.ingramcontent.com/pod-product-compliance
Ingram Content Group UK Ltd.
Pitfield, Milton Keynes, MK11 3LW, UK
UKHW020524180726
13839UKWH00005B/2299